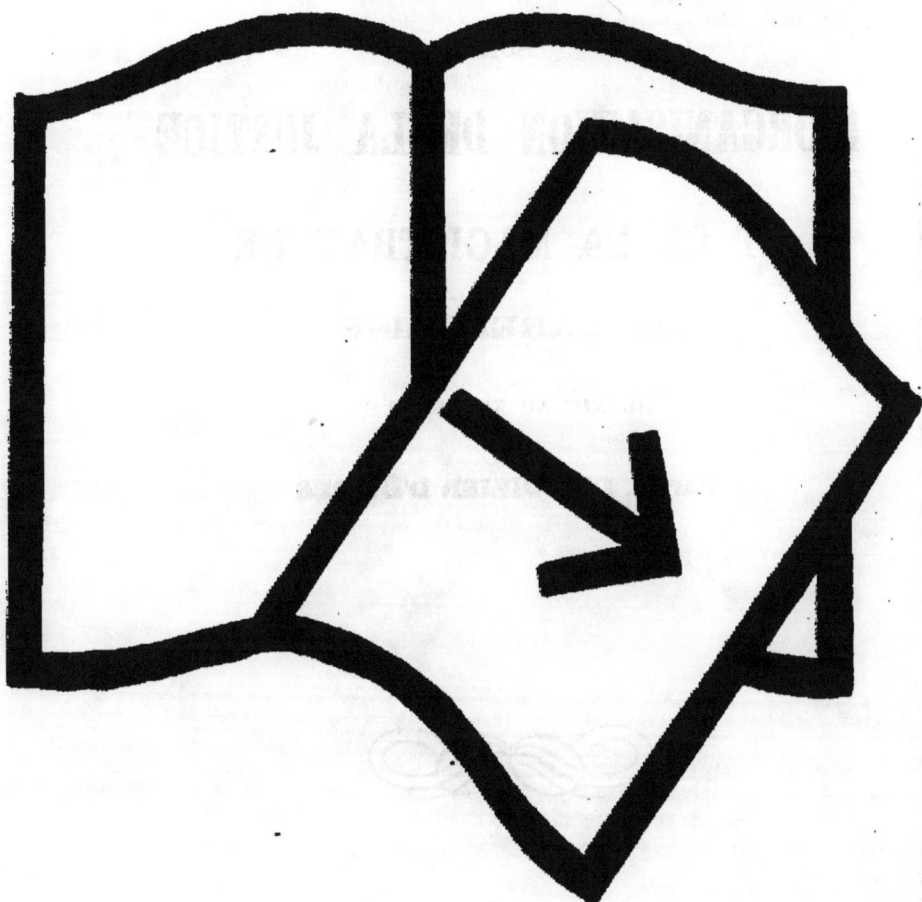

NOTICE HISTORIQUE

SUR

L'ORGANISATION DE LA JUSTICE

ET DE LA MAGISTRATURE

EN TARENTAISE

DU XIIᵉ AU XIXᵉ SIÈCLE

Par M. DE SOIRIER D'ÉVIRES

CHAMBÉRY

IMPRIMERIE CHATELAIN, SUCCESSEUR DE F. PUTHOD

4, AVENUE DU CHAMP-DE-MARS, 4.

—

1880

PRÉLIMINAIRE

Le petit travail que nous livrons au public et pour lequel nous avons eu recours aux ouvrages de M. Capré, de Costa et Dessaix, ainsi qu'aux mémoires de l'Académie de la Val d'Isère et de la Société d'histoire et d'archéologie de Chambéry, sans oublier les archives de l'ancien Sénat de Savoie, a pour but de faire connaître plus intimement, par une courte notice, qu'elle était sous le gouvernement des Princes de Savoie, l'administration de la Justice dans notre pays l'importance du siége de Tarentaise, le nom de la plupart de ses magistrats et le territoire soumis à sa juridiction.

Peut-être ce modeste opuscule sera-t-il lu avec quelque intérêt au moment où la discussion de la nouvelle organisation des Tribunaux va retentir sous les voûtes des Chambres des représentants de la France.

Moutiers, ce 30 octobre 1880.

ORGANISATION

DE

LA JUSTICE ET DE LA MAGISTRATURE

EN TARENTAISE

I

L'année neuf cent nonante-six de notre ère, vit
s'établir sur le comté de Tarentaise le pouvoir temporel de l'archevêque Amizo et de ses successeurs,
pouvoir qu'avaient jusques alors exercé les rois de
Bourgogne.

Rodolphe III, dit le Fainéant, n'ayant point d'en-
fants mâles pour lui succéder, incapable, d'ailleurs,
de défendre ses États contre les empiétements
successifs des gouverneurs des provinces, se décida
à démembrer, en faveur des grands du royaume,
une grande partie des possessions royales.

La Tarentaise, saccagée depuis longtemps par les
incursions des Barbares, qui se jetèrent sur l'Italie
à la fin de la domination romaine dans la Pénin-
sule, plus récemment dévastée par les dépréda-
tions des Ibères qui sillonnèrent le pays dans les
IX⁰ et X⁰ siècles, se prit à respirer et vit avec joie
ses destinées mises sous l'égide des successeurs de
saint Jacques, dont la sagesse était hautement
reconnue.

Pourtant, un siècle ne s'était pas écoulé depuis

la donation du dernier roi de Bourgogne, que l'archevêque Héraclius appelait à son secours, en mil quatre-vingt-deux, le comte de Savoie, Humbert II, pour le délivrer, disent les annales historiques, des tyrannies d'Ayméric, seigneur de Briançon, famille que l'on croit d'origine ibérique.

Ayméric céda à la force des armes de son redoutable adversaire; mais tout se paie au moyen-âge, et le prélat s'en aperçut bien;

Pour prix de ses services, le comte de Savoie obtint d'être associé à la puissance temporelle des archevêques.

Le bourg de Salins (Villa Salini) devint le siège de la juridiction militaire, administrative et judiciaire du nouveau souverain, tandis que Moûtiers, conservant son titre de capitale de la province, restait sous l'autorité des princes ecclésiastiques.

Ceux-ci ne tardèrent point à souffrir du voisinage de leur trop puissant protecteur; et il faut voir, dans l'association dont il est parlé plus haut et dans la proximité des deux centres de juridiction, l'origine des nombreux conflits, plusieurs fois séculaires et dont le dénoûment se fit, en définitive, au profit de la dynastie qui règne aujourd'hui sur l'Italie.

II

Il y eut donc, dès la fin du XIᵉ siècle, deux juridictions distinctes : celle des prélats ; celle des comtes de Savoie et de leurs feudataires.

Ce dualisme durera jusqu'au 31 octobre 1769. Par acte notarié de ce jour, le pouvoir temporel

archiépiscopal, représenté par M⁹ʳ de Rolland, sti-
pulant pour lui et ses successeurs, fit au roi Char-
les-Emmanuel III la cession générale de tous les
droits souverains qu'il avait sur la Tarentaise, contre une rente annuelle et perpétuelle de trois mille
livres de Piémont[1], sans compter les terres et châteaux qui appartenaient à la mense.

Par lettres-patentes datées de la même époque,
les prélats furent autorisés à prendre le titre hono-
rifique de princes de Conflans et de Saint-Sigis-
mond.

Et, disons-le en passant, cette cession qui
présente tous les caractères d'un véritable traité,
d'un contrat synallagmatique irrévocable, a toujours
été jusqu'à présent et devra, dans la succession des
siècles, s'exécuter avec la plus entière bonne
foi, car les deux puissances ont traité d'égal à égal.

III

Le domaine direct des prélats s'étendait aux
localités suivantes :

La ville de Moûtiers et sa paroisse, le château-
fort de Saint-Jacques ou Saint-Jacquémoz, les
paroisses de Saint-Marcel, de Montgirod, de Notre-
Dame-du-Pré, de Hautecour, le hameau de Chen-
tron, aujourd'hui Centron, avec toutes ses dépendances; les paroisses des Allues, de Saint-Jean de
Belleville, excepté Villarly; la paroisse de Nâves,
excepté le village de Ronchal, le château et la

---

[1] Cette somme équivaut actuellement à plus de 10,000 fr.

paroisse de Bozel, celles de Champagny, de Saint-Bon, de Tours, de Saint-Didier; enfin, le château-fort et la paroisse de la Bàthie.

L'archevêque avait à Moùtiers un juge qui prenait le titre de juge de l'archevêché, un procureur fiscal, un grand bailli et un vi-bailli avec les offices et les officiers que ces charges nécessitaient; aux châteaux de Saint-Jacques, de Bozel, de la Bàthie, il avait des châtelains.

Les principaux seigneurs du pays avaient aussi leurs châtelains; c'étaient ceux de la Val d'Isère, de Montmayeur, de Villette, d'Aigueblanche, de Briançon, de Conflans, etc.[1].

IV

Les comtes et ensuite les ducs de Savoie, dit encore M. Millon, avaient à Salins un châtelain dont la juridiction s'étendait sur tous les hommes et sur toutes les localités de Tarentaise qui relevaient de nos princes.

Sous ce châtelain en chef, il y en avait deux autres, l'un pour les terres en-dessus du Détroit du Siaix *a Saxo supérius*, qui résidait à Aime, tandis que le vice-châtelain siégeait à Bourg-Saint-Maurice; l'autre pour les domaines en-dessous du Siaix *a Saxo inferius*, qui résidait à Salins.

---

[1] Sous le régime féodal, le droit de justice, haute, moyenne et basse, était attaché aux seigneuries et partant aux châteaux. De là, le nom de châtelains donné aux juges commis pour l'exercer au nom de leurs seigneurs. (Note de M. MILLION, *Mémoire de l'Académie de la Val d'Isère*, vol. II, p. 519.)

Chacun de ces châtelains ou vice-châtelains avait son greffe avec ses curiaux, ses métraux et ses sergents, *curiales, mistrales et servientes*. Chacun avait aussi ses hommes d'armes ou ses archers.

La justice ducale en Tarentaise resta ainsi organisée pendant des siècles; le châtelain général *Castellanus* Tarentasiæ, avait au-dessus de lui un juge-mage, *judex major* ou grand juge; on pouvait appeler par-devant lui des sentences du châtelain.

Les décisions du juge-mage ressortissaient immédiatement de la juridiction du conseil suprême de Chambéry, établi par le comte Aimon en 1329. Ce fut ce même prince qui, par édit de 1356, rendit les officiers de justice responsables de leurs jugements rendus dans le courant d'une année, par-devant les assemblées générales présidées par le souverain.

L'article 56 du code d'Amédée VIII, édicté en mil quatre cent trente, fixa, d'une manière permanente à Salins, le siège-mage des deux provinces réunies, Tarentaise et Maurienne; un procureur fiscal était adjoint au juge-mage; sa principale fonction était de rechercher les auteurs des crimes et des délits commis dans son ressort et d'en poursuivre la punition;

Il devait aussi rendre un compte exact de toutes les extorsions et des violences que pouvaient commettre les barons, les bannerets et autres seigneurs justiciers.

Au point de vue judiciaire, comme au point de vue administratif, il avait la confiance du prince et parfois correspondait 'directement avec lui dans les cas graves et urgents.

V

Nous voyons que Salins fut appelé à devenir le chef-lieu judiciaire de deux provinces importantes ; il fut aussi un centre administratif et militaire pour nos princes.

Plusieurs familles nobles, les hauts officiers de justice, de nombreux employés subalternes, vinrent habiter Salins. Les causes civiles et criminelles, les affaires d'administration, le recouvrement des redevances féodales et bien d'autres choses, y amenèrent un concours relativement considérable de gens d'affaires, de justiciables, de pétitionneurs ; les sources salées, quelle qu'ait été leur exploitation, ne manquaient pas de concourir à la prospérité locale ; la défense du château-fort, connu aujourd'hui sous le nom de château de Melphes et dont il ne reste plus que des ruines [1], y nécessitait une garnison ; le séjour de quelques princes ou princesses y introduisit le luxe et l'opulence. Pour y amener le commerce, les comtes de Savoie y avaient établi un marché dès avant 1287. Pour y attirer des bourgeois et des corps de métiers, le comte Amédée avait accordé des franchises à Salins en 1351 ; elles avaient été confirmées en 1483 et 1496 par les ducs Charles et Philippe.

[1] On assure que le bourg de Salins correspondait avec le château de Melphe par un souterrain assez spacieux. Une tranchée de peu d'importance pratiquée du nord au sud, c'est-à-dire dans le sens transversal du plateau sur lequel s'élevait le château, amènerait, sans doute, la découverte de l'accès du souterrain dont il vient d'être question.

Pendant quatre à cinq siècles, Salins brilla d'un viféclat; mais Salins était bien près de Moûtiers, et nous allons voir par quel concours de circonstances cette dernière ville dût de devenir la capitale définitive de toutes les administrations tant ducales qu'archiépiscopales.

VI

Dès le principe, avons-nous dit, les officiers du comte furent en lutte avec ceux de l'archevèque.

Cette lutte eut notamment pour point de départ, le droit de police, les jours de marchés et de foires, que voulurent s'arroger les gens du prince, dans la ville de Moûtiers.

Pour exercer ce droit de police à Moûtiers, les officiers comitaux eurent, sous la halle vieille, une banche, soit un banc du droit ou un auditoire où ils faisaient les proclamations et les citations judiciaires.

Peu à peu ils y firent des actes juridiques, même les jours où il n'y avait ni foire ni marché; ils citèrent des gens de l'archevèque, les firent comparaître à Salins, et vinrent souvent les saisir eux-mêmes à Moûtiers. Les prélats réclamaient vivement, obtenaient des lettres ducales, mais, en réalité, ces lettres n'aboutirent pas au redressement de leurs griefs.

Dès les premières années du xvie siècle, les officiers du duc de Savoie étaient parvenus à établir dans Moûtiers un greffe ducal; peu à peu ils se mirent à y rendre des sentences, et bientôt après ils y siégèrent d'une manière intermittente, tenant indifféremment leurs audiences à Salins ou à Moûtiers.

Puis vinrent François Ier et son Parlement, qui n'eurent pas un plus grand respect pour les droits des archevêques. Enfin, en mil cinq cent cinquante-cinq, le juge royal n'avait plus à Moûtiers seulement un greffe, mais bien un *auditoire royal*.

Le magistrat qui le remplaça dans sa charge siégea à Moûtiers, et tous ses successeurs y eurent leur auditoire. Les autres administrations suivirent peu à peu leur exemple ; c'en était fait ; les deux juridictions vécurent ainsi à Moûtiers, côte à côte, pendant deux siècles, jusqu'à la transaction que nous avons rappelée du trente et un octobre mil sept cent soixante-neuf.

VII

Lors de la conquête du pays par François Ier, ce prince trouva plus opportun d'établir, à Saint-Jean de Maurienne, un juge Royal ; le siège-mage de Tarentaise n'eut plus juridiction que sur le territoire partant des sources de l'Isère au confluent de l'Arly près Albertville (ville qui n'existait alors qu'à l'état d'embryon sous la dénomination de *Villa Franca* ou l'Hôpital), embrassant ainsi les quatre cantons qui composent l'arrondissement actuel de Moûtiers, une bonne partie du canton d'Albertville, y compris la ville de Conflans moins la Bâthie.

VIII

En 1723, le roi de Sardaigne publia un édit contenant un tableau de la division des provinces du duché de Savoie.

La province de Tarentaise est composée de cinquante-sept paroisses.

Ce sont : Moûtiers, Aigueblanche, Aime et la Côte, Bellecombe, Bellentre, Bonneval, Bozel, Briançon, Cevins, Champagny, Celliers, Doucy, Feissons-sous-Briançon, Feissons-sur-Salins, Fontaine-le-Puits, Granier, Haute-Cour, Hauteville-Gondon, les Allues, les Avanchers, le Bois, le Bourg-Saint-Maurice, la Chapelle, les Frasses, Laudry, Longefoy, la Perrière, Notre-Dame du Pré, Macôt et Sangot, Montagny, Montgirod et Centron, Mont-Valezan, Nâves, Peisey, Pralognan, Pussy, Rognaix, Saint-Bon, Saint-Eusèbe, Sainte-Foy, Saint-Oyen, Saint-Jean de Belleville, Saint-Laurent de la Côte, Saint-Marcel, Saint-Martin de Belleville, Saint-Paul-sur-Conflans, Saint-Thomas de Cœur, Saint-Thomas des-Esserts, Séez et Saint-Germain, Salins, Tignes, Tours, Val de Tignes, Villargerel, Villarlurin, Villaroger, et, enfin, Villette.

L'édit du 3 septembre 1749, entériné par le Sénat de Savoie le 16 même mois, apporta quelques modifications au règlement de 1723.

En ce qui concerne la province de Tarentaise ; 1° la Bâthie détachée de la Savoie fut réunie à cette province ; 2° Aime et la Côte formèrent deux paroisses, ainsi que Mont-Valezan, que l'on distin-

gua par Mont-Valezan-sur-Séez et Mont-Valezan-
sur-Bellentre ; Saint-Paul-sur-Conflans fut réuni à
Saint-Thomas-des-Esserts ; 4° deux nouvelles paroisses, Saulce et Tessens furent créées.

IX

Nous avons parlé des judicatures féodales ; con-
sacrons-leur quelques lignes.

Les judicatures féodales, dit M. Rabut, étaient
peu importantes et restaient quelquefois vacan-
tes. Le seigneur, vivant à la cour, à l'armée, ou
dans un de ses manoirs, s'inquiétait souvent fort
peu des terres qu'il n'habitait pas. Charles-Emma-
nuel III voulut mettre fin à cet état d'abandon
des juridictions seigneuriales, et, dans un édit du
22 mars 1740, rendu exécutoire en Savoie par un
manifeste du Sénat du 26 avril suivant, il se plaint
que divers abus se sont glissés dans l'administration de la justice parce que « le vassal ou la com-
munauté » qui a le droit de nommer le juge, néglige
de remplir cette obligation.

En conséquence, il prescrit que toutes les judicatures du ressort du Sénat seront réparties dans
chaque province en trois classes ou départements ;
que la durée des fonctions des juges sera de trois
années, qui commenceront, pour le premier départe-
tement, le 1er décembre 1740 ; pour le deuxième,
le 1er décembre 1741, et pour le troisième, le 1er
décembre 1742. Les juges en fonctions au moment
de la publication de l'édit ne pourront plus exercer
passé les époques ci-dessus.

Les vassaux, communautés et autres qui ont le droit de nommer aux dites judicatures, devront expédier leurs lettres de nomination, savoir : aux juges du premier département, dans le mois de septembre de l'année 1740 ; à ceux du deuxième et du troisième département, dans le mois de juin 1741 et de juin 1742. A défaut de nomination dans les termes prescrits, le sénat le pourvoyait d'office. Dans tous les cas, le titulaire nommé devait se faire approuver par un décret du sénat et prêter serment à la grande chancellerie ou à celui qui en était délégué, dans le courant du mois de novembre qui précédait son entrée en fonctions.

D'après les Royales Constitutions publiées onze ans aupararavant, juillet 1729, les juges ordinaires devaient être docteurs en droit dans les villes et dans les terres relevant directement du souverain, appelées terres immédiates, et licenciés en droit, ou notaires, dans les terres des vassaux, ou terres médiates.

Quant aux châtelains, le nouvel édit plus rigoureux que les constitutions de dix-sept cent vingt-neuf exigeait qu'ils fussent notaires collégiés ou au moins secrétaires de paroisses.

Une fois nommé, chaque juge ou châtelain se choississait un suppléant, tant le juge et le lieutenant. Juge, que le châtelain et le vice-châtelain devaient ensuite être approuvés par le Sénat et prêter serment de bien remplir leurs charges.

La province de Tarentaise était divisé en trois départements ; en voici le tableau :

SIÈGE DE JUSTICE OU JUDICATURE	VASSAL OU COMMUNAUTÉ AYANT DROIT DE NOMMER LES JUGES ET LES CHATELAINS	JUGE NOMMÉ OU CONFIRMÉ EN VERTU DE L'ÉDIT DE 1740	DATE DE SA NOMINATION	CHATELAIN NOMMÉ OU CONFIRMÉ EN VERTU DE L'ÉDIT DE 1740	DATE DE SA NOMINATION
Premier Département.					
1 Saint-Thomas des Esserts, baronnie....	R⁴ Christophe Duverger, doyen de la Métropole de Tarentaise....................	Jean-Philippe Vichard..	9 janvier 1741..	Joseph Fontaine....	27 juin 1740.
2 Villiette, baronnie.....	Hyacinthe de Chevron, baron de Villiette...............	François-Louis Hospès..	28 juin]1740.....	Jacques Gevry.......	28 juillet 1740.
Deuxième Département.					
1 Archevêché (ou terres dépendant).........	Rᵐᵉ Amédée Milliet, archevêque de Tarentaise...........	André Vignet...........	13 mai 1741..	Six châtelains	—
2 Cevins, comté........	Claude de Montfalcon, comte de Saint-Pierre et de Cevins.	Jean-Philippe Vichard..	12 août 1741. ...	Maurice Sylvestre...	26 décembre 1741.
3 Saint-Paul..........	Noble Claude Davallon, seigneur de Saint-Paul..........	Claude-Bonnardel.......	1ᵉʳ décembre 1741	Antoine Borne......	17 septembre 1741.
4 Val d'Isère et dépendances, comté......	Mⁱʳᵉ François de Duin de Mareschal, comte de la Val d'Isère.	François-Amédée Merel..	11 juin 1741..	Jᵉ-Baptiste Gonthier. / Jean Minoret........	14 juillet 1740. / 15 janvier 1739.
Troisième Département.					
1 Le Bois, baronnie....	Noble Pierre-Gabriel Chevilliard, seigneur de Saint-Oyen.	François-Louis Hospès..	12 juin 1742..	Marc-Antᵉᵉ Mangé...	20 juillet 1740.
2 Blay, seigneurie......	Noble Duvergier, seigneur de Blay.................	Claude Bonnardel.......	15 mars 1742..	Antoine Borne......	14 septemb. 1741.
3 Saint-Eusèbe de Cœur, seigneurie........	François-Amédée du Tour de Villeneuve, seigneur de St-Eusèbe..................	Claude Bonnardel.......	15 mars 1743..	Jean-Baptiste Ulliel.	30 mai 1740.
4 Saint-Maurice, marquisat................	Mⁱʳˢ Jean-Joseph de Chabod, marquis de Saint-Maurice...	Joseph-François-Amédée Merel	1ᵉʳ avril 1742..	Antoine Villien..... / Jean Rullier........	12 juillet 1740. / 25 mai 1741.
5 Saint-Laurent et Salins, comté........	Victor-Amédée Chappel, seigneur de Saint-Laurent et de Salins.	Claude Bonnardel.......	20 octobre 1742..	—	
6 Saint-Thomas, marquisat................	Mⁱʳᵉ dom Joseph-Gaétan Carron, marquis de Saint-Thomas.	François-Louis Hospès..	18 novemb. 1742.	Marc-Antᵉᵉ Mangé...	12 août 1746.

Cette organisation dura jusqu'en 1792, époque à laquelle l'Assemblée nationale des Allobroges rendit le décret suivant :

« L'assemblée nationale, considérant qu'un peuple libre doit se régir par des lois simples, que rien ne tend plus à en retarder et en arrêter l'exécution que la multiplicité des attributions particulières de juridiction et de privilége dont jouissaient les personnes et les choses, qu'elle est une source de contestations sans nombre sur la compétence ou incompétence des tribunaux.

« Considérant que la facilité d'obtenir des évocations, en enlevant aux citoyens le droit d'être jugés par leurs juges naturels, dégénérait en vexations et entraînait des abus incalculables, a voulu prendre des mesures pour en arrêter le cours et pour rétablir l'égalité, a décrété ce qui suit :

ARTICLE 1ᵉʳ.

« Toutes les autorités judiciaires ci-devant établies, tou-
« tes attributions et évocations particulières sous quelque
« dénonciation que ce puisse être, sont supprimées et abo-
« lies; néanmoins le Sénat, les juges-mâges, les juges ordi-
« naires, les châtelains et les officiers qui dépendent de ces
« tribunaux, continueront, sous le titre de juges et officiers
« nationaux d'exercer leurs fonctions suivant les lois et les
« formes établies jusqu'à ce qu'il ait été pourvu par la
« nation à l'établissement d'un nouvel ordre judiciaire; est
« cependant conservée provisoirement aux intendants, la
« connaissance des objets de douane, contribution foncière
« et tabellion.

ARTICLE 2.

« L'assemblée autorise les communes à se choisir d'au-
« tres juges, d'autres châtelains; elles ne pourront les élire
« qu'à la majorité absolue des voix, et elles devront envoyer
« le procès-verbal de leur élection à la commission provi-
« soire d'administration.

ARTICLE 3.

« Les municipalités qui   ront avoir dans leur ressort

« une juridiction de commerce, pourront nommer un juge
« pour en faire les fonctions, ainsi qu'un secrétaire.

ARTICLE 4.

« Les émoluments des arrêts, des sentences et décrets
« exécutoires qui émaneront des tribunaux judiciaires, sont
« dès ce jour snpprimés et abolis.

ARTICLE 5.

« Tous les officiers de justice, conservés ou élus en vertu
« des précédents décrets, les hommes de loi et avoués
« devront, avant que d'entrer dans l'exercicè de leurs fonc-
« tions provisoires, prêter, en présence des officiers muni-
« cipaux de chaque commune où ils seront domiciliés, le
« serment d'êtres fidèles à la nation, de maintenir la liberté
« et l'égalité, de mourir en les défendant, et de remplir
« exactemect les fonctions qui leur seront confiées. »

X

Par la loi du 28 pluviôse, an VIII (17 février 1800,)
la province de Tarentaise fit partie du département du Mont-Blanc et constitua le troisième arrondissement, composé de cinq cantons, de la
manière suivante :

NOM DU CANTON	NOMBRE DES COMMUNES qui en dépendent	SA POPULATION EN L'AN X	SA SURFACE EN MESURES CARRÉES		
			M.	A.	C.
Beaufort.	4	7.357	24.440	16	51
Bourg-Saint-Maurice.	13	11.578	71.108	32	72
Conflans.	10	5.512	13.474	39	89
Moùtiers (nord et sud)	44	24.358	99.543	69	»
TOTAL...	71	48.805	208.566	58	12

Voici quelles étaient, au commencement du siècle, les différentes communes de chaque canton,
leur population et leur étendue territoriale, en jour-
naux du Piémont :

ARRONDISSEMENT DE MOUTIERS		
CANTON ET COMMUNES QUI LE COMPOSENT	POPULATION	ÉTENDUE TERRITORIALE EN JOURNAUX de Piémont
Beaufort.		
Beaufort.................	3.070	36.766
Hauteluce................	1.566	14.455
Queige...................	1.554	7.573
Le Villard...............	1.167	5.506
TOTAL.....	7.357	64.300
Bourg-Saint-Maurice.		
Bellentre........	814	6.086
Bourg-Saint-Maurice.	2.166	37.657
Les Chapelles.............	696	6.385
Sainte-Foy...............	1.026	28.235
Saint-Germain et Séez......	1.468	10.176
Hauteville-Gondon....	601	7.181
Landry....	635	2.825
Mont-Valezan-sur-Bellentre..	352	2.040
Mont-Valezan-sur-Séez.	618	6.396
Peisey...................	1.113	18.325
Tignes...................	901	22.229
Val de Tignes.............	442	30.263
Villaroger.......	746	9.282
TOTAL.....	11.578	187.080

ARRONDISSEMENT DE MOUTIERS

CANTONS ET COMMUNES QUI LE COMPOSENT	POPULATION	ÉTENDUE TERRITORIALE EN JOURNAUX de Piémont
Conflans.		
La Bâthie..................	904	5.624
Césarches.................	230	723
Cevins....................	666	8.413
Conflans..................	1.303	2.956
Grignon et Nevaux.........	283	2.260
Monthion.................	264	1.654
Saint-Paul................	432	5.328
Saint-Thomas et Blay......	726	3.796
Tours....................	456	4.085
Venthon..................	248	611
TOTAL.....	5.512	35.450
Moûtiers (nord).		
Aigueblanche.............	246	689
Aime.....................	826	3.046
Notre-Dame de Briançon....	244	1.221
Celliers..................	359	4.969
Grand-Cœur..............	302	563
Petit-Cœur...............	160	799
La Côte d'Aime...........	799	6.354
Bonneval.................	454	4.795
Doucy....................	592	6.899
Fessons-sous-Briançon.....	366	3.168
Granier..................	654	7.654
Hautecour................	514	3.041
Longefoy.................	406	2.855
Macòt....................	635	9.578
A reporter...	6.557	55.631

ARRONDISSEMENT DE MOUTIERS

CANTONS ET COMMUNES QUI LE COMPOSENT	POPULATION	ÉTENDUE TERRITORIALE EN JOURNAUX de Piémont
Report...	6.577	55.631
Saint-Marcel...............	304	2.170
Montgirod................	603	3.642
Moûtiers..	2.005	812
Nâves...................	833	8.422
Saint-Oyen...............	125	551
Notre-Dame-du-Pré........	428	4.692
Pussy...................	478	4.483
Rognex..................	241	2.049
Tessens.................	426	4.410
Villargerel...............	349	2.681
Villette.................	388	2.554
TOTAL.....	12.737	92.097
Moûtiers (sud).		
Les Allues...............	1.132	23.847
Les Avanchers............	740	5.383
Bellecombe..............	219	1.036
Le Bois.................	210	1.335
Saint-Bon...............	869	13.327
Bozel......	1.064	8.150
Champagny.............	744	23.055
Fessons-sur-Salins........	305	1.261
Fontaine-le-Puits.........	210	1.140
Les Frasses...............	35	126
Saint-Jean de Belleville.....	1.025	15.259
Saint-Laurent de la Côte. ...	322	1.812
Saint-Martin de Belleville...	2.363	38.951
Montagny................	675	3.521
A reporter...	9.913	138.203

ARRONDISSEMENT DE MOUTIERS		
CANTONS ET COMMUNES QUI LE COMPOSENT	POPULATION	ÉTENDUE TERRITORIALE EN JOURNAUX de Piémont
Report...	9.913	138.203
La Perrière.	464	2.522
Pralognan.	802	26.202
Salins.	120	970
La Saulce	85	474
Villarlurin.	235	1.423
TOTAL....	11.619	169.794

RÉCAPITULATION DE L'ARRONDISSEMENT DE MOUTIERS		
1º Beaufort	7.359	64.300
2º Bourg-Saint-Maurice	11.578	187.080
3º Conflans	5.512	35.450
4º Moûtiers (nord).	12.737	92.097
5º Moûtiers (sud).	11.619	169.794
TOTAL.....	48.805	548.721

XI

La loi du dix-huit mars mil huit cent créa à Moûtiers un tribunal de première instance comprenant tout l'arrondissement;

Ce tribunal fut, comme ceux de sa classe, composé de trois juges et de deux suppléants ; les causes d'appel étaient portées au tribunal d'appel de Grenoble.

Cette loi fut complétée et modifiée par le décret du 18 août 1800 qui resta en vigueur jusqu'en 1814.

Le traité de Paris du 30 mai 1814 n'avait rendu au roi de Sardaigne qu'une partie du duché de Savoie. Chambéry notamment resta à la France.

Le 28 octobre 1814, par ses lettres-patentes, le roi Victor-Emmanuel I, remit en vigueur les Royales Constitutions avec les anciennes dénominations pour le personnel judiciaire; des dispositions provisoires furent prises pour l'administration de la justice.

Le 8 janvier 1815, la Savoie fut divisée, pour l'administration de la justice en mandements, composés eux-mêmes d'un certain nombre de communes.

Conflans devint le siége du Sénat et eut pour cet honneur le titre de mandement unique.

Il fut placé, par exception avec six communes, en dehors de toute circonspection provinciale.

La province de Tarentaise fut alors remaniée de la manière suivante et comprit six mandements composés de soixante-cinq communes.

XII

PROVINCE DE TARENTAISE

I. — MANDEMENT

MOUTIERS : CHEF-LIEU.

Communes.

Aigueblanche.
Aime.

Bellecombe.
Bonneval.

Doucy.
Feissons-sur-Salins.
La Côte-d'Aime.
Le Bois.
Longefoy.
Macôt.
Mongirod.
Centron.
Petit-Cœur.
Salins.

Saint-Marcel.
Tessens.
Saint-Oyen.
Villargerel.
Grand-Cœur.
Granier.
Hautecour.
Nâves.
Notre-Dame-de-Briancon.
Villette.

II. — MANDEMENT

CEVINS : CHEF-LIEU [1]

Communes.

Feissons-sous-Briançon.
Grignon et Nevaux.
La Bàthie.
Monthion.
Pussy.

Rognaix.
Saint-Paul.
Saint-Thomas des Esserts.
Blay.
Tours.

III. — MANDEMENT

BOURG-SAINT-MAURICE : CHEF-LIEU

Communes.

Bellentre.
Hauteville-Gondon.
Landry.

Les Chapelles.
Mont-Valezan-sur-Bellentre.
Pésey.

[1] Lors de la création de la province de Haute-Savoie (en 1816), ce canton fut supprimé. On ne saisit pas le motif qui a prévalu alors pour dépouiller Cevins du titre de chef-lieu de mandement, dont l'avait, à juste raison, doté la Restauration. Situé au milieu d'une riche plaine, presque à mi-chemin des deux villes, Albertville et Moûtiers, dont la distance est de 27 kilomètres, Cevins méritait à tous égards et à tous les points de vue, de conserver sa judicature ; et l'étonnement est

IV. — MANDEMENT

SAINTE-FOY : CHEF-LIEU

Communes.

Mont-Valezan-sur-Séez.
Séez et Saint-Germain.
Tignes.

Val-de-Tignes.
Villaroger.

V. — MANDEMENT

BOZEL : CHEF-LIEU

Communes.

Allues.
Champagny.
La Perrière,
La Saulce.

Montagny.
Pralognan et Planay.
Saint-Bon.

VI. — MANDEMENT

SAINT-JEAN DE BELLEVILLE : CHEF-LIEU

Communes.

Cellières.
Fontaine.
Fontaine-le-Puits.
Les Avanchers.

Les Frasses.
Saint-Laurent-de-la-Côte.
Saint-Martin-de-Belleville.
Villarlurin.

d'autant plus grand qu'en 1818, ainsi que nous le verrons plus bas, l'administration créait un chef-lieu de mandement à Aime, qui est presque à mi-chemin de Moûtiers et de Bourg-Saint-Maurice, localités distantes l'une de l'autre de 27 kilomètres ; c'était, disait-elle, afin de faciliter le cours des affaires dans toutes les branches de l'administration publique.

Le 20 novembre 1815 un nouveau traité conclu à Paris, rétablit les frontières de 1790 et rendit ainsi au roi de Sardaigne la partie de la Savoie qui était demeurée Française par le traité de Paris.

L'année suivante, par lettres-patentes du seize janvier mil huit cent seize, Victor-Emmanuel Ier voulant laisser, par un trait de bienfaisance aux deux villes de Conflans et de l'Hôpital, un souvenir avantageux de l'époque honorable pour elles, où toutes les autorités avaient siégé dans leurs murs, établit une nouvelle province, sous le nom de Haute-Savoie, dont ces deux villes devinrent le chef-lieu[1].

On détacha, pour la former : de la province de Savoie-Propre, le canton de l'Hopital et une commune de celui de Saint-Pierre d'Albigny; de la province de Tarentaise, le canton de Conflans, celui de Beaufort et une commune de Moûtiers; de la province du Faucigny, quatre communes du canton de Megève et de la province d'Annecy, une commune du canton de Faverges.

L'état des villes et communes qui ont formé la nouvelle province sont détachées des provinces ci-après énoncées :

[1] En 1835, des lettres-patentes de Charles-Albert, roi de Sardaigne, réunirent ces deux cités sous le nom de *Albertville*.

PROVINCES DONT ELLES SONT DÉTACHÉS	CANTON DONT ELLES FONT PARTIE	COMMUNES
PROVINCE DE SAVOIE-PROPRE	L'Hôpital.	L'Hôpital. Allondaz. Cléry-Frontenex. Coënnoz. Gilly. Ste-Hélène des Millières. Héry-sur-Ugines. Marthod. Mercury-Gemilly. Montailleur. N.-D. des Millières. Pallud. Plancherine. Saint-Sigismond. Thénesol. Tournon. Ugines. Verrens. Saint-Vital.
	St-Pierre d'Albigny.	Grésy.
PROVINCE DE TARENTAISE	Conflans.	Conflans. La Báthie. Césarches. Cevins. Esserts et Blais. Grignon. Monthion. Saint-Paul. Tours. Venthon.
	Beaufort.	Beaufort. Queige. Villard. Hauteluce.
	Moûtiers.	Rognaix.

PROVINCES DONT ELLES SONT DÉTACHÉES	CANTON DONT ELLES FONT PARTIE	COMMUNES
Province de Faucigny	Megève.	Flumet. St-Nicolas-la-Chapelle. Crest-Volant. La Guéttaz. N.-D. de Bellecombe.
Province d'Annecy	Faverges.	Outrechaise.

XIII

Un nouvel édit du 10 novembre 1818, remania de nouveau les provinces;

En ce qui concerne la province de Tarentaise, voici les modifications qui eurent lieu.

Un mandement nouveau fort créé : Aime[1]. Deux

[1] Sous l'empereur Auguste, Axima (Aime) devint le chef-lieu de cette partie des Alpes Graïennes. Les Centrons, peuple belliqueux et renommé par son courage, furent les alliés plutôt que les sujets des Césars romains. Ceux-ci, en princes politiques pratiques, tâchèrent de se les attacher par toutes sortes de bienfaits. Notre pays était rattaché directement à Rome. La preuve nous en est fournie par une charmante inscription en vers iambiques tracée sur une pierre carrée, très polie, ayant des moulures autour, existant dans les dépendances de l'ancienne église de Saint-Martin d'Aime. Cette inscription exprime un vœu adressé, par un proconsul romain nommé Pomponius, au dieu des forêts, auquel il offrait mille grands arbres pour obtenir son heureux retour et celui des siens, à Rome. Elle est ainsi conçue :

Sylvane sacra semicluse fraxino,
Et hujus alti summe custos hortuli.
Quod nos per arva perque montis alpicos.
Tuique luci suaveolenti hospites.
DUM JUS GUBERNOREMQUE FUNGOR CÆSARUM.
Tuo favore properanti shospitas,
Tu me, meosque reduces Romam sistito.
Daque itala rura te colamus præside.
Ego jam dicabo mille magnas arbores.

mandements furent supprimés : Sainte-Foy et Saint-Jean de Belleville.

Celui d'Aime fut formé de huit communes détachées de celui de Moûtiers : Aime, Granier, la Côte-d'Aime, Longuefoy, Montgirod, Tessens, Macôt et Villette et de quatre communes détachées de celui du Bourg Saint-Maurice, Bellentre, Landry, Mont-Valaisan-sur-Bellenirs et Pesey. Les six communes du mandement de Sainte-Foy furent réunies à celui du Bourg Saint-Maurice. Quant à celui de Saint-Jean de Belleville, de ses huit communes, une, Les Frasses, fut supprimée, et les autres, Les Avanchers, Celliers, Fontaine et Fontaine-le-Puits. Saint-Laurent-de-la-Côte, Saint-Martin de Belleville et Villarlurin furent réunies au mandement de Moûtiers.

Total : 4 mandements, 55 communes.

———

Voici maintenant la liste des Juges-Mages, Procureurs fixaux et Châtelains du xivme siècle à 1848 que nous avons pu nous procurer et quelques noms de Grands-Baillis et vi-Baillis de l'archevêché.

XIV

ANNÉES	JUGES-MAGES
1325.....	Jean de Megier, juge de Maurienne et Tarentaise·
1345.....	Pierre Gadard, id., id.
1360.....	Michel Rassaporis, id., id.
1375	Jean Maitral, id., id.

1383..... Jean de Plancheria, juge de Maurienne et Tarent.

1391..... Hugonnard Chabord, id., id.

1401..... Henri de la Combe, id., id.

1408-1412. Jean de Beaufort, id., id.

1408-1412. Jean Michoëlis, lieutenant du juge, id.

1425..... Martin de Pichet, juge, id.

1439-1453. Guillaume du Verger, id., id.

1453..... Jean des Costes, lieutenant du juge, id.

1468..... Jean Bergerii, juge, id.

1476-1498. Claude Bernard, id., id.

1479-1492. Claude de Verdon, id., id.

1505-1508. Antoine Teste, id., id.

1513..... .... du Châtelard, id., id.

1515-1519. Claude de Copeaulx, id., id.

1526-1529. François Bonivard, id., id.

1541-1558. Flory de Sura, juge-mage, pour le roi de France
à Salins.

1559-1568. Philippe Rapin, Juge-Mage, de Tarantaise.

1568-1582. Maurice de Riddes, id., id.

1583-1587. Michel Tierry, id., id.

1588-1600. Jules d'Aprvieux, id., id.

1601-1648. Claude-François Vichard, sénateur, id., id.

1649-1652. Balthazard Vichard, juge-mage de Tarentaise
nommé juge-mage de Savoie.

1653-1664. Trolliet Pierre, juge-mage, de Tarentaise.

1665-1677. Gaspard de Gros, id., id.

1678-1682. Claude de la Tour, id., id.

1680..... Jean-Baptiste Durandard, lieutenant de juge-
mage, id.

1683-1710. Hyacinthe Bovery, juge-mage, id.

1711-1722. Annet Perrin, id., id.

1723-1726. Pierre-Élie de Borringe, id., id.

1724-1752. André Viguet, lieutenant, id.

1727-1740. François Perrin, juge-mage, id.

1740..... Cucuat, id., id.

1767..... De La Balme, juge-maje de Tarentaise.

1774..... Bastian, id., id.

1780-1790. Giraud, id., id.

1790-1795. Brunet, id., id.

1800-1806. Fontanil, président du Tribunal de Moûtiers.

1806-1814. Durandard Jean-Marie, député au Corps législa-
tif et président du Tribunal.

1814-1815. Bal Jean-Marie, juge-mage de Tarentaise.

1815-1823. Bontron François, id., id.

1818-1823. Durandard, Jean-Marie, lieutenant (nommé en
1823, juge-mage à Bonneville).

1823..... Bonnevie Jules, juge-mage.

1830..... Pelloux Jérôme, id.

1835-1848. Baron Dutour d'Héry, id.

XV

ANNÉES	PROCUREURS FISCAUX

1392..... Jean Balay, procureur-fiscal de Maurienne et de
Tarentaise.

1420..... Pierre Bertin, id., id.

1474. ... Humbert de Macognin, id., id.

1500-1526. Durandard Jean-François, id., id.

1526-1536. Georges Vibert, vice-procureur fiscal, id.

1560..... Eustache Vibert, procureur fiscal de Tarentaise.

1575..... Georges Bruet, id., id.
Pierre Mercier, alternativement avec le suivant.

1583-1591. Mermoz Pierre, id., id.

1592-1623. Durandard Jean-François feu Jean, id., id.

1623-1663. Durandard Nicolas, feu Jean-François, id., id.

1663-1667. Durandard Jean-Michel, feu Claude, id., id.

1667..... Bozon Duchattelard Jean, alternativement avec
le suivant, id., id.

1697..... Grogniet Claude, feu Maxime, id., id.

1698-1708. Jean-Louis Ferley, procureur-fiscal de Tarent.

1709-1722. Jean-François Ferley, id., id.

1723-1726. Philibert Charrot, id., id.

1727-1742. Varot, avocat fiscal, id.

1792..... Durandard Jean-Marie, substitut-avocat-fiscal.

1800..... Abondance, procureur impérial.

1810..... Dufour, id., id.

1814..... Ravier Jean-Pierre, avocat fiscal.

1819..... Seitier Joseph, id., id.

1834..... Albriet François, id., id.

Auquel a succédé M. Laurent jusqu'en 1848.

XVI

ANNÉES   CHATELAINS DE TARENTAISE

1150-1276. Les membres de la famille *Fine* ou Finas sont investis de la châtellenie de Salins.

1276..... Hugues Hysuard, châtelain à Salins.

1330.. .. Jacques de la Ravoire, châtelain de Tarentaise.

1334..... Pierre de la Ravoire, vice-châtelain, id.

1355..... Aymon de Challand, châtelain, id.

1356..... Humbert de Savoie, id., id.

1388..... Jacques Provana, id., id.

1389..... Guillaume de Sporia, vice-châtelain, résidant à Aime.

1392..... Aimon de Jordan, id., id.

1393..... Arésime de Provana, châtelain de Tarentaise.

1426..... Aimon de la Ravoire, id., id.

1441..... Barthélemi Bourg, vice-châtelain, de Tarentaise.

1479..... Jean Vitalio, id., id.

1489..... Jean Bruny, id., id.

1489..... Urbain de Montmayeur, châtelain de Tarentaise à Salins.

1490..... Aime Fine, id., id , id.

3

1498..... Antoine du Verger, châtelain de Tarentaise.

1501..... Antoine de Montmayeur, id., id.

1507..... Jean-Louis du Verger, id., id.

1513 .... Georges Chappoct, id., id.

1517..... Jean comte de la Chambre, grand châtelain, de Tarentaise et d'Aiguebelle.

1554..... Jean-Louis Baudard, châtelain de Tarentaise.

1560..... Lors du recouvrement de ses Etats par Emmanuel Philibert, après la victoire de Saint-Quentin, la famille Durandard est investie de la châtellenie d'Aime et occupe la tour ducale pour S. A. R. le duc de Savoie.

1574..... Claude Lucas, châtelain de Tarentaise.

1574..... Jean-François de Lachenal, conseiller de la châtellenie.

1740 déc. 13. Me Georges Ravier, notaire collégié aux Allues, fut nommé châtelain des paroisses des Allues et de la Perrière.

1740 déc. 29. Me Nicolas Favre, notaire collégié de Montagny, fut nommé châtelain du mandement de Bozel et dépendance.

1741 jan. 29. Me Jean-Pierre Reymond de Saint-Jean de Belleville, eut la châtellenie des terres de cette paroisse.

1740 no. 28. Me Jean-Baptiste Ulliel fut pourvu de la châtellenie d'un mandement formé des paroisses d'Hautecour, Mongirod, le Pré et St-Marcel.

Les paroisses de Tignes, Sainte-Foy et la Val ; celles de Séez, Saint-Germain, Mont-Valezan et Villaroger formaient deux châtellenies.

Les paroisses de Saint-Oyen, Doucy et les Avanchers dépendaient de la châtellenie de la baronnie du Bois.

XVII

NOMS DE QUELQUES GRANDS BAILLIS ET VI-BAILLIS
DE TARENTAISE

ANNÉES

1509 jan. 30. Constitution d'office de grand bailli signée par Mgr de Chateauvieux en faveur de noble et puissant seigneur Maffrey de Salins.

1570..... Guidoz Bogio, bailli à Moûtiers.

1620..... Philibert de Pingon, grand bailli de Tarentaise.

1647..... De Provence Jean-Baptiste, id., id.

1650..... Abel de l'Allée de la Tornette, lieutenant-général d'artillerie, grand bailli, id.

1638-1666. Durandard Jean-François, vi-bailli.

1675..... Arnaud Jean-François, lieutenant-général d'artillerie, grand bailli de Tarentaise.

1678..... Durandard Joseph, avocat au Sénat, remplace le grand bailli, id.

1680..... De Pingon Antoine, grand bailli, id.

1680..... Greppat Claude, vi-bailli.

1695..... De Ruffin, grand bailli.

1706..... De Blonay, id.

1727..... Dutour de Villeneuve Joseph, id.

1740..... De Vignod Joseph-César, id.

XVIII

MOUTIERS

Il résulte du croquis-carte ci-contre, que le groupement des cantons et des communes organisé au commencement du siècle pour former la circonscription judiciaire de Moûtiers était le meilleur entre ceux qui l'ont précédé et ceux qui l'ont suivi.

Moûtiers était placé au centre de la circonscription, comme le berger au milieu de son troupeau.

Ajoutons que, sous le premier empire, le gouvernement avait institué, dans cette ville, une école des mines. (Arrêté du 23 pluviôse an XI.) Étant donné l'abondance et la richesse des mines en Tarentaise, cette école a rendu de signalés services au pays; elle a été transférée à Turin en 1836. Espérons que le gouvernement de la République rétablira cette école, comme il en avait été question au moment de l'annexion.

Il y avait aussi l'établissement des salines, longtemps exploitées par la Compagnie dite *de l'Est*.

En terminant cette courte notice, nous faisons des vœux pour que Moûtiers, la ville aux grands souvenirs, la cité aux anciennes traditions, soit appelée à un grand avenir. Son importance future se devine à raison de sa proximité de Brides et de Salins, stations balnéaires dont la réputation n'est plus à faire, et du prochain établissement du chemin de fer.

4569. — Chambéry, imprimerie Chatelain, avenue du Champ-de-Mars, 4.

NORD

OUEST

SUD

EST

Honteux. 51 k. 6 ¾

Montfort. Ch. C. 46 k. 5 ½

Villard. 42 k. 6 ½

Grévier. 52 k. 5 ½

Cellarèches. 31 k. 4 ½

Conflans. 27 k. 3 ¾ .ieu.ze Ch.l

Nave. 15 k. 3 ½

Montaileu. 16 k. 2 ¾

Granier. 17 k. 3 ½

Versoie. 5 ... Commune de Bourg S.t Maurice

Aime. Ch. C. 14 k. 2 ¾

Bourg-S.t-Maurice. Ch. C. 25 k. 4 ½ 3.t Eloque

Seez. 32 k. 5 ¾ ½

Montevalzan. s.t Seez. 36 k. 6 ¾ ¼

S.te Foy. 40 k. 7 ½

Villaroger. 40 k. 8 ½

Peisey. 26 k. 5 ¾ ½

la Gurra. 7 ½

Brides. Ch. C. 14 k. 2 ½

Champagny. 25 k. 5 ½ ¼

Tignes. 55 k. 11 ½

Pralognan. 26 k. 5 ½ ½

Val-de-Tignes. 61 k. 11 ½

Celliers. 20 k. 4 ½

Les Chambres. 9 k. 2 ½